EL OLFATO

por Robin Nelson

Mi primer paso al mundo real

ediciones Lerner • Minneapolis

El olfato es uno
de mis **sentidos**.

Huelo con la nariz.

Huelo algo rico.
Huelo flores.

Huelo manzanas.

Huelo algo feo.
Huelo un perro mojado.

Huelo pescado.

Huelo algo agradable.
Huelo **jabón**.

Huelo tarta recién horneada.

Huelo algo no tan agradable.
Huelo un **zorrillo**.

Huelo un basurero.

Huelo algo delicioso.
Huelo pastel.

Huelo palomitas de maíz.

Huelo algo asqueroso.
Huelo un **chiquero**.

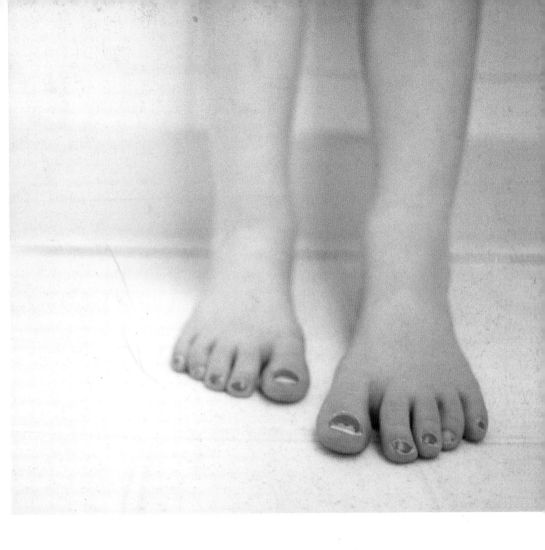

Huelo pies apestosos.

Huelo muchas cosas.

¿Qué hueles tú?

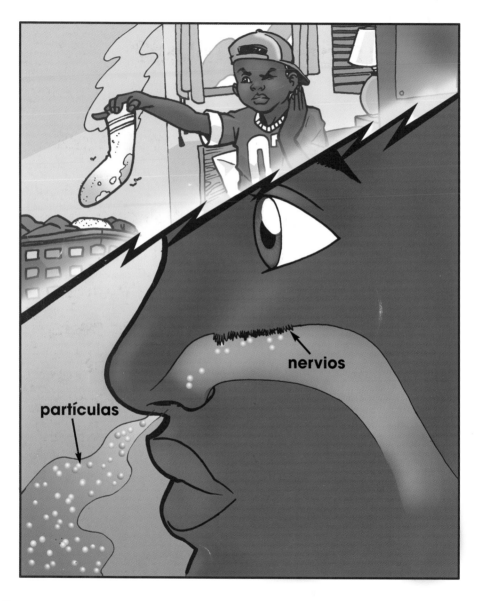

¿Cómo hueles?

Los olores están formados por partículas diminutas. Estas partículas flotan en el aire. Cuando entran a tu nariz, sientes el olor. Las partículas se pegan a las mucosas de la nariz. La nariz tiene nervios especiales bajo las mucosas. Los nervios envían un mensaje al cerebro. El cerebro te dice qué hueles.

Información sobre el olfato

 Muchos animales, como los perros y los venados, tienen el olfato más desarrollado que los seres humanos.

 El sentido del olfato de los perros es 100 veces mejor que el de los seres humanos.

 La gente que no tiene sentido del olfato sufre de anosmia.

 Si tu olfato funciona bien, puedes identificar entre 4,000 y 10,000 olores.

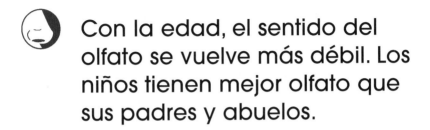 Con la edad, el sentido del olfato se vuelve más débil. Los niños tienen mejor olfato que sus padres y abuelos.

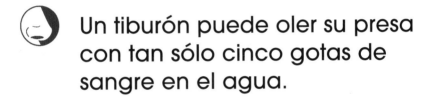 Un tiburón puede oler su presa con tan sólo cinco gotas de sangre en el agua.

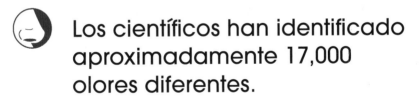 Los científicos han identificado aproximadamente 17,000 olores diferentes.

Glosario

 chiquero: lugar en el que viven los cerdos

 jabón: al mezclarlo con agua, sirve para lavar

 sentidos: las cinco formas en que nuestro cuerpo recibe información. Los cinco sentidos son el oído, la vista, el olfato, el gusto y el tacto.

 zorrillo: animal que puede despedir un olor fuerte para ahuyentar a otros animales

Índice

La edición en español fue realizada por un equipo de traductores nativos de español de
translations.com, empresa mundial dedicada a la traducción.

ediciones Lerner
Una división de Lerner Publishing Group
241 First Avenue North
Minneapolis, MN 55401 EUA

Dirección de Internet: www.lernerbooks.com

Las fotografías aparecen con autorización de: © Nick Dolding/Stone/Getty Images, págs. 2, 22
(segunda desde abajo); © Royalty Free/CORBIS, págs. 3, 4, 15; © Richard Cummins, pág. 5;
© Gail Mooney/CORBIS, pág. 6; © White Packert/The Image Bank/Getty Images, pág. 7;
© Myrleen Cate/Grant Heilman Photography, págs. 8, 22 (segunda desde arriba); PhotoDisc
Royalty free by Getty Images, págs. 9, 13, 16, 17; © W. Perry Conway/CORBIS, págs. 10, 22
(abajo); © Betty Crowell, págs. 11, 14, 22 (arriba); Brand X Pictures, pág. 12. La imagen de la
portada aparece por cortesía de: Royalty Free/CORBIS. La ilustración de la página 18 es de Tim
Seeley.

Library of Congress Cataloging-in-Publication Data

Nelson, Robin, 1971–
    [Smelling. Spanish]
    El olfato / por Robin Nelson.
        p. cm. — (Mi primer paso al mundo real)
    Includes index.
    ISBN-13: 978-0-8225-6223-8 (lib. bdg. : alk. paper)
    ISBN-10: 0-8225-6223-5 (lib. bdg. : alk. paper)
    1. Smell—Juvenile literature. I. Title.
    QP458.N45 2007
    612.8'6—dc22   2006003012

Fabricado en los Estados Unidos de América
1 2 3 4 5 6 – DP – 12 11 10 09 08 07